I0751366

CIRCÉ,

TRAGEDIE

ORNÉE DE MACHINES, de Changemens de Théatre, & de Musique.

Par T. CORNEILLE.

Representée par la Troupe du Roy, établie au Fauxbourg S. Germain.

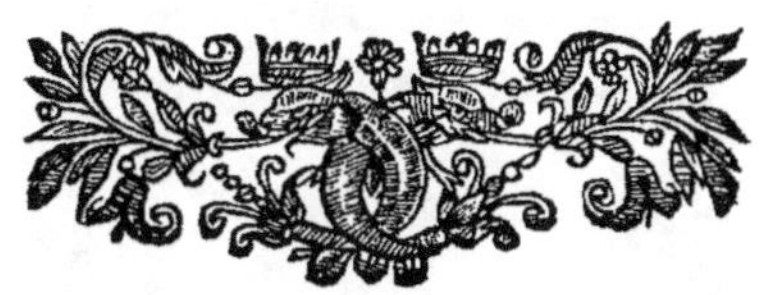

Et se vend

A PARIS,

Au Palais, dans la Salle Royale, à l'Image S. Loüis.
Et à la Porte de la Comedie, où l'on prend les Billets.

M. DC. LXXV.

AVEC PRIVILEGE DU ROY.

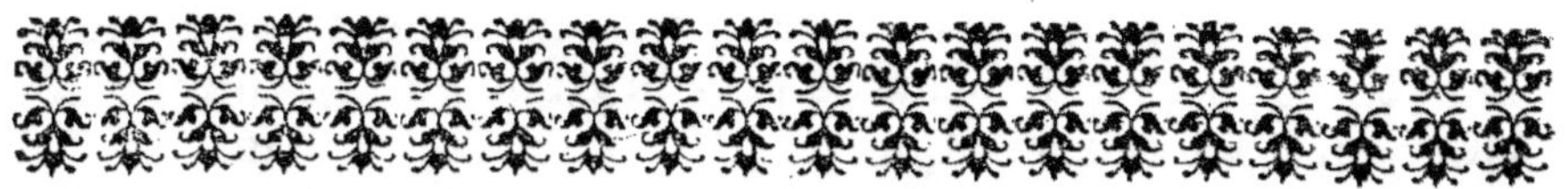

LES grandes Conqueſtes du Roy, & les importantes Victoires qu'il a remportées ſur ſes Ennemis, ayant mis la gloire de la France au plus haut point où elle ait jamais eſté, tout le monde a tâché à l'envy d'en témoigner ſa joye en diférentes occaſions, ou par des Réjoüiſſances particulieres, ou par des Divertiſſemens publics. C'eſt ce qui a donné lieu à ces admirables Feux d'Artifice qui ont attiré tout Paris les années dernieres; & c'eſt ce qui le donne encor aujourd'huy aux Comédiens de la Troupe du Roy, de tâcher à ſignaler leur zele par tout ce que la Scene eſt capable de produire de merveilleux. L'honneur qu'il a plû à S. M. de leur faire, en donnant ſes ordres pour leur rétabliſſement, les mettoit dans une continuelle impatience de faire voir qu'ils conſervent toûjours la meſme ardeur de pouvoir eſtre jugez dignes de contribuer à ſes plaiſirs; & c'eſt dans cette veuë qu'ils ont mis tous leurs ſoins à rendre Circé le Spéctacle le plus pompeux qui ait paru juſqu'icy ſur nos Théatres. Tout y eſt grand, tout y eſt extraordinaire; & ſi j'avois pû répondre par la force des Penſées & par la majeſté des Vers, aux ſuperbes ornemens qu'on m'a preſtez, je pourrois dire ſans trop de préſomption, qu'on n'auroit point encor veu d'Ouvrage plus achevé. La diverſité des Machines, & l'inconcevable mouvement des Vols qui ſe font dans tous les Actes, ont quelque choſe de ſi ſurprenant, qu'on ſera aiſément convaincu que l'exécution n'en peut partir que du plus ſublime Génie qui ſe ſoit jamais appliqué à ces ſortes de connoiſſances. Tout ce que j'en pourrois dire ſeroit tellement au deſſous de ce qu'on verra, que je ne diminuëray point le plaiſir de la ſurpriſe par l'inutile deſcription des Merveilles qui paroîtront dans ce magnifique Spéctacle. On n'a rien épargné pour le rendre tout-à-fait ſomptueux; & les riches Décorations qui l'accompagnent, feront voir par dix Changemens de Théatre, la gloire que méritent Meſſieurs de la Hire, de Leſſos, & de

S. Martin, pour les embelliſſemens que leur Pinceau nous a fournis. Joignez à tant de beautez la délicateſſe de la Muſique, où Monſieur Charpentier, qui s'eſt déja fait admirer dans les Airs du *Malade Imaginaire*, s'eſt en quelque façon ſurpaſſé ſoy-meſme tant par l'agrément de la Symphonie, que par la noble maniere dont il a relevé toutes les Paroles qui ſe chantent. Avec de ſi grands avantages, il eſt difficile que Circé n'en ait beaucoup à venir faire en France un nouvel eſſay de ſa Magie. J'ay choiſy pour le Sujet de la Piece, ſes Amours avec Glaucus, telles que nous les dépeint Ovide dans le 14. Livre de ſes Métamorphoſes.

Glaucus, de ſimple Peſcheur qu'il eſtoit, ayant eſté changé en Dieu Marin, devint éperduëment amoureux de Sylla Fille de Phorcus; & ne pouvant toucher ſon cœur, il alla implorer le ſecours de Circé, qui prit le party pour elle, & employa tout le pouvoir de ſes Charmes pour s'en faire aimer. Le dépit de n'avoir pû en venir à bout, porta ſi loin ſon reſſentiment, que pour ſe vanger elle empoiſonna une Fontaine où Sylla avoit accoûtumé de s'aller baigner. Cette malheureuſe Nymphe ne s'y fut pas ſitoſt plongée, qu'elle vit naiſtre des Chiens, qui s'attachant à ſon corps, l'effrayerent par leurs aboyemens; & l'horreur qu'elle eût d'elle-meſme dans ce déplorable état, fut ſi forte, qu'elle s'alla précipiter dans la Mer, où elle fut changée en un Rocher, qui a conſervé ſon nom, & contre qui les flots ſe briſans, imitent par le bruit qu'ils font, les aboyemens des Chiens qui avoient fait ſon ſuplice. Je n'ay rien adjoûté à cette Fable, que Mélicerte aimé de Sylla, & cette meſme Sylla changée en Néreïde aprés tous ſes malheurs, pour avoir lieu de finir la Piece par un Spectacle de réjoüiſſance.

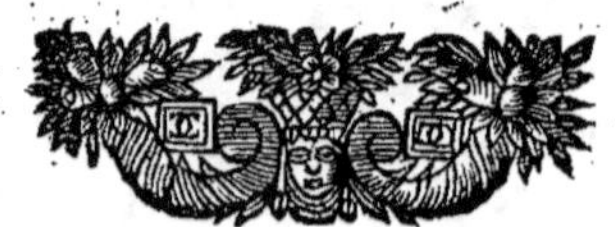

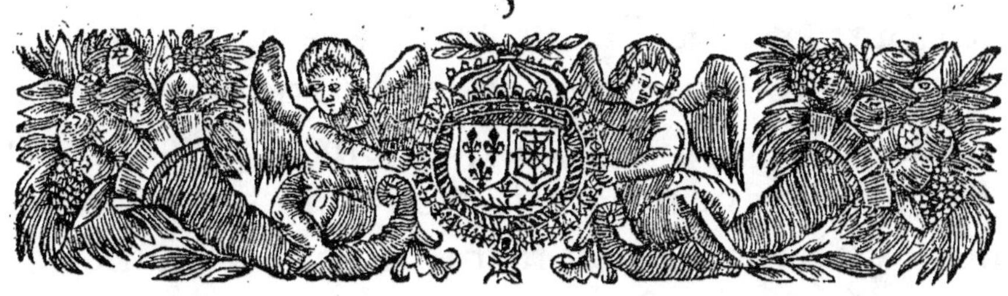

PROLOGVE.

LA Décoration du Prologue represente un Temple de riche Architecture, que la Gloire a fait élever pour le Roy. L'Ordre en est Composite, avec plusieurs Arcades & Colomnes de Iaspe d'Orient, dont les Bases & Chapiteaux sont d'or, aussi-bien que les Modillons & les Fleurs de Lys qui font les ornemens des Corniches & des Frises. Le haut du Temple est finy par un Atique, où se voit un Buste de Héros directement au dessus de chaque milieu des Chapiteaux. Les Suposts des Colomnes sont des Pieds-d'estaux qui representent une partie des Conquestes du Roy, & les superbes Bastimens qui se sont faits ou embellis sous son Regne. Au dessus de chaque Pied-d'estal, il y a diférentes Figures peintes en saillie & isolées, qui toutes, ainsi que les Bustes, representent par leurs attributs, où les Vertus particulieres que possede cet Auguste Monarque, ou les Arts qu'il prend soin de faire fleurir. L'effet que font ces Figures est d'autant plus beau, que se trouvant chacune entre deux Colomnes, elles forment une juste simetrie, qui ne sçauroit estre que tres-agreable à la veuë. Vers le milieu du Temple s'éleve une maniere d'Arc Triomphal, soûtenu par huit Colomnes d'Ordre Ionique, avec une espece d'Atique au dessus de la Corniche, où le Roy est representé. La Victoire & la Gloire sont à ses costez, dont l'une luy presente une Couronne, & l'autre une branche de Laurier, le tout de marbre blanc. On voit dans le fonds du Temple un Autel de marbre serpentin: Il est orné de Colomnes, Figures, Festons de fleurs & Trophées d'Armes.

Les yeux se sont à peine arrestez sur toutes ces Magnificences, qu'on découvre Mars dans un Char orné de tout ce qui le peut faire connoistre pour le Dieu qui préside aux Combats. Il paroist au plus haut des nuës, & s'abaissant vers le Temple, il y voit arriver la Fortune portée sur un nuage qu'elle quitte au mesme temps que Mars descend de son Char. Apres avoir regardé ce Temple avec des marques d'indignation & de surprise, ils commençent le Prologue ensemble.

SCENE PREMIERE.

MARS, LA FORTUNE.

MARS.

QVoy? la Fortune sans bandeau?

LA FORTUNE.

Je viens de l'arracher moy-mesme,
Pour voir l'éclat pompeux de ce Temple nouveau.
Mais d'où vient qu'à l'aspect d'un Ouvrage si beau,
Le Dieu Mars fait paroistre une douleur extrême?

MARS.

Puis-je voir sans chagrin, qu'un Mortel à mes yeux,
Des honneurs qu'on me doit, emporte l'avantage?
Ie sçay bien que LOVIS *est un Roy glorieux,*
En qui mille Vertus, par un noble assemblage,
Ofrent à réverer le plus parfait Ouvrage
Qui jamais ait marqué la puissance des Dieux;
Mais parce qu'il se fait admirer en tous lieux,
Ay-je merité qu'on m'outrage?
Voyez ce que ce Temple adjoûte à son renom;

Voyez sur cent Tableaux avec quel soin la Gloire
A tracé la brillante Histoire
Des merveilleux Exploits qui consacrent son Nom.
C'est là que les plus grands Courages,
D'un zele tout soûmis écoutant la chaleur,
Viennent par d'assidus hommages
Honorer la Prudence unie à la Valeur.
Cependant mes Autels, où par toute la Terre
L'Encens se prodiguoit pour les moindres hazards,
Sont negligez de toutes parts,
On regarde LOUIS *comme Dieu de la Guerre,*
Et l'on ne songe plus à Mars.
D'un si honteux mépris c'est trop soufrir l'audace,
I'en puniray l'injure, & ce Temple détruit,
Va dans le Monde entier étaler à grand bruit
Ce que peut un Dieu qui menace.

LA FORTUNE.

Si LOUIS *des Mortels vous dérobe les vœux,*
N'ay-je pas mesme plainte à faire?
Tout le monde à l'envy, pour devenir heureux,
N'aspiroit toûjours qu'à me plaire:
Mais depuis que la Gloire a par tout l'Univers,
De cet Auguste Roy fait briller le mérite,
Pour le suivre chacun me quitte,
Et je voy mes Temples deserts.

Cette

Cette foule qui plaiſt, quand meſme elle importune,
Dédaignant mes faveurs, brigue ſon ſeul Appuy,
Il me ravit mes droits, & ce n'eſt plus qu'en luy
Qu'on ſonge à chercher la Fortune.
Iugez, à me voir ſans honneurs,
Iuſqu'où va l'ennuy qui me preſſe;
Car c'eſt en vain que le nom de Déeſſe
Me fait attendre encor quelques Adorateurs.
De quelque rãg qu'on ſoit, les biẽs ſeuls qu'on diſpenſe
Nous attirent ces vœux preſſans
Dont nous aimons la déference;
Et les Dieux qui ſont ſans puiſſance,
Ne reçoivent guere d'encens.

MARS.

Ie voy venir l'Amour, qu'aura-t-il à nous dire?

LA FORTUNE.

La Renommée arrive auſſy;
Mais lors que ſon employ de tous coſtez l'attire,
D'où vient qu'elle s'arreſte icy?

L'Amour & la Renommée paroiſſent portez chacun ſur un Nüage.

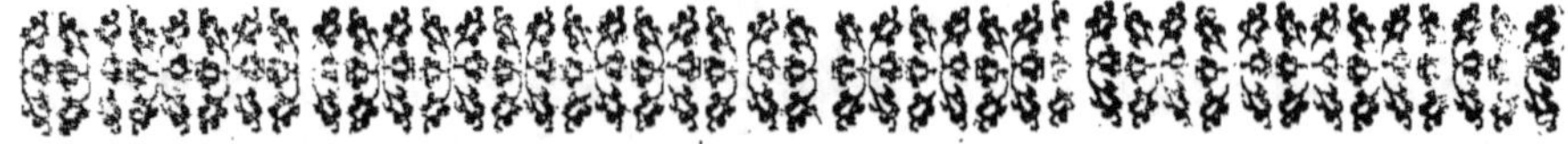

SCENE II.

MARS, LA FORTUNE, LA RENOMMEE, L'AMOUR.

LA RENOMMEE.

N'En soyez point surpris; le pénible voyage
Où jusqu'au bout de l'Vnivers,
Pour vanter ses Vertus chez cent Peuples divers,
Le Monarque des Lys de jour en jour m'engage,
M'a déja tant de fois fait traverser les airs,
Qu'il faut qu'en m'arrestant enfin je me soulage.
Dans les Siecles passez j'ay bien veu des Héros,
Aléxandre & César m'ont donné de la peine,
Mais au moins dãs leur course ils reprenoient haleine,
Et me laissoient quelque repos.
LOVIS n'en connoist point; son ame toûjours preste
A chercher les périls dans de nouveaux Combats,
A peine a médité la plus haute Conqueste,
Que la Victoire accompagne ses pas.
Chaque instant de sa vie est un nouveau miracle.
Vingt Princes dont il fut l'appuy,
Arment vainement contre luy;

A ce qu'il entreprend rien ne peut mettre obstacle;
Et ces jaloux de sa grandeur,
Forcez par tout à céder la Victoire,
Ne combatent jamais que pour luy faire honneur,
Et donner du lustre à sa gloire.
Ainsy pour m'acquiter de ce que je luy dois,
J'ay beau presser mon vol, & me haster de dire
Ce qu'avec moy tout l'Univers admire,
Mes cent bouches pour luy s'ouvrent tout à la fois,
Et je n'y puis encore suffire.

MARS.

S'il faut ne rien dissimuler,
La plainte me paroist nouvelle.
Quoy, vous, qui si souvent sur des contes en l'air
Redites mille fois la mesme bagatelle,
Vous vous fâchez d'avoir trop à parler?

LA RENOMMEE.

Ie prens sans murmurer tout l'employ qu'on me donne,
Mais enfin j'ay peine à soufrir
D'estre forcée à discourir
Toûjours de la mesme Personne.
Sur chaque nouveauté, comme en tout elle plaist,
I'aime à dire ce que je pense;
Et si je ne prens intérest

Qu'à celebrer le Nom du Grand Roy de la France,
Tous les Exploits que les autres feront,
A ce compte demeureront
Ensevelis dans le silence.
Je veux bien toutefois ne parler que de luy;
Mais ce qui cause mon ennuy,
C'est de voir que quand je publie
Toutes ses grandes Actions,
On les prend pour des fictions,
Et l'on m'accuse de folie.
Qui pourroit croire aussi ce qu'on a veu deux fois,
Qu'à son triomphe une Province entiere
Dés la plus foible attaque ait servy de matiere,
Et se soit soûmise à ses Loix?
Je croy le voir encor, toûjours infatigable,
Courant, volant par tout, sans jamais s'arrester,
Estre Chef & Soldat, résoudre, exécuter,
Et seul à soy-mesme semblable,
Cherche dans le péril tout ce qui peut flater
L'ardeur de gloire insatiable
Qui porte les Héros à s'y précipiter.
Apres avoir forcé de superbes Murailles,
Voyez-le dans le mesme temps,
Par l'effroy de son Nom, gagner plus de Batailles
Qu'on n'en donnoit autrefois en vingt ans.
Apres cela que puis-je faire?

Toutess ces grandes veritez
Ne semblent-elles pas des contes inventez,
Et lors que je les dis, m'estime-t-on sincere ?

L'AMOUR.

Vous en donnez si souvent à garder,
Qu'il est bon qu'une fois vous en soyez punie;
Mais par LOUIS quand ma gloire est ternie,
Moy, l'Amour, n'ay-je pas tout sujet de gronder?
Depuis le pouvoir qu'il me vole,
Dont il use comme du sien,
Je suis une vraye Idole
Qui ne semble bon à rien.

LA FORTUNE.

D'où ce chagrin vous peut-il naistre,
Quand nous voyons que ce Grand Roy,
En gagnãt tous les cœurs, chaque jour fait connoistre...

L'AMOUR.

Mais c'est par luy qu'il s'en rend maistre,
Et ce n'est pas mon compte à moy,
Car enfin je voudrois qu'il me dust quelque chose;
Mais j'ay beau parmy tous mes traits,
Pour faire que des cœurs par mon ordre il dispose,
En aller choisir tout exprés :

D'eux-mesmes à l'envy, sans qu'on les sollicite,
Ces Cœurs tout-à-coup enflâmez,
Se rendent tous à son mérite,
Et sans que je m'en mesle, ils s'en trouvent charmez.

MARS.

Et c'est à quoy l'Amour prend garde?
Pourveu que tout vous soit soûmis,
Que vos Droits soient bien affermis,
Qu'importe...

L'AMOUR.

Passe encor pour ce qui le regarde;
Mais ce qui fait tout mon ressentiment,
Et m'est une peine cruelle,
C'est que lors qu'avec une Belle
I'ay fait l'union d'un Amant,
Et qu'elle en croit les nœuds serrez si fortement,
Que rien ne sçauroit plus l'arracher d'auprès d'elle,
Si LOVIS dans sa noble ardeur
Court où l'appelle son grand Cœur,
L'Amant, quoy que plein de tendresse,
Se reproche un honteux repos,
Et quitte aussi-tost sa Maistresse,
Pour suivre les pas du Héros.
Elle s'en plaint, elle en soûpire,

Et par ſa diſgrace fait voir
La foibleſſe de mon empire.

LA RENOMMEE.

Que n'uſez-vous alors de tout voſtre pouvoir,
Pour rappeller ceux que la Guerre attire?

L'AMOUR.

Il ne tient pas à le vouloir;
Mais j'ay beau faire, j'ay beau dire,
Charmez de voir LOVIS, *de marcher ſur ſes pas,*
Quelque flateur que pour eux je puiſſe eſtre,
C'eſt un Enfant qui parle, ils ne m'écoutent pas,
Et les Combats
Aupres de leur Auguſte Maiſtre,
Ont pour eux plus d'appas
Que les plus tendres feux qu'en leurs cœurs j'ay fait naiſtre.
Ainſy la Guerre eſt un malheur
Qui me rend inutile, & c'eſt dequoy j'enrage;
Je m'en trouve accablé de honte & de douleur,
Et tandis que LOVIS *fait briller ſa valeur,*
Ie joüe un méchant perſonnage.
Mais que vois-je?

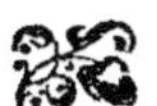

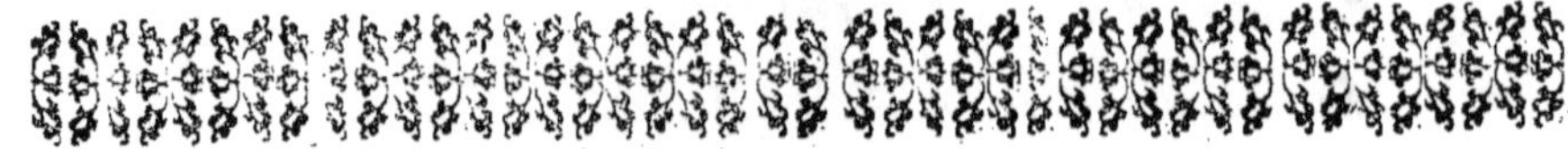

SCENE III.

LA GLOIRE, MARS, LA RENOMMEE, LA FORTUNE, L'AMOUR.

LA GLOIRE.

LA Gloire, à qui le Ciel toûjours
Donna les Héros à défendre.
De ce Temple où j'ay soin chaque jour de me rendre,
Je viens d'entendre vos discours.
En vain, Dieu des Guerriers, dont la fiere puissance
Vous fait redouter des Mortels,
Vous prétendez détruire les Autels
Que j'ay fait élever au Héros de la France;
Il mérite encor plus, & n'est point comme vous
Incessamment remply d'un aveugle couroux.
Lors qu'il entreprend quelque Guerre,
C'est pour mieux maintenir de légitimes Droits,
Ou pour confondre ceux, qui méprisant les Rois,
Se veulent ériger en Tyrans de la Terre.
Rendez luy donc justice, & dans tous ses Combats
Vous-mesme accompagnez ses pas;
Ainsi de vos fureurs on ne pourra se plaindre,

Et

Et secondant LOUIS, qui par tout sçait charmer,
En mesme temps que vous vous ferez craindre,
En mesme temps vous vous ferez aimer.

A LA FORTUNE.

La Fortune, je le confesse,
A sujet de se chagriner.
Elle est d'un Sexe à voir avec quelque tristesse,
Que ses Adorateurs l'osent abandonner;
Mais qu'elle se fasse justice,
Ses bienfaits sont souvent suivis de trahison,
Elle ne fait jamais de bien que par caprice,
Et le Dieu des François n'en fait que par raison.
Il récompense le mérite,
Sans mesme qu'on l'en sollicite,
Et pour se rétablir, la Fortune aujourd'huy
Doit se ranger aupres de luy,
On oublîra son inconstance,
Et par un surprenant effet
On luy croira de la prudence,
Et c'est ce qu'on n'a jamais fait.

A LA RENOMMÉE.

Pour vous répondre aussi, Déesse,
Le travail est pénible à remplir vostre employ;
Mais le charme qu'on trouve à parler d'un Grand Roy,

C

Ne demande-t-il pas qu'on en parle ſans ceſſe?
Depuis que par l'ordre des Cieux
Vous publiez les merveilles
Et des Hommes & des Dieux,
En avez-vous jamais raconté de pareilles,
Ny de qui le recit vous fût ſi glorieux?
Quant aux Demy-Héros qui prennent pour ofence,
Que de leurs noms obſcurs vous faſſiez peu d'état,
A quoy bon vous charger d'actions ſans éclat,
Dont jamais l'Avenir ne prendra connoiſſance?
Malgré le vain orgüeil dont ils ſont éblouïs,
Laiſſez-les dans la pouſſiere,
Et donnez-vous toute entiere
A publier des Exploits inouïs;
Dites plus que jamais cent Héros n'ont pû faire,
Vous n'aurez qu'à nommer LOUIS,
Et dans tout l'Univers on vous croira ſincére.

A L'AMOUR.

Vous ſoufrez, je le connois bien,
I'entre dans voſtre inquiétude;
Demeurer ſans pouvoir, eſt un deſtin bien rude,
Et l'Amour eſt à plaindre alors qu'il ne fait rien;
Mais venez voir LOUIS, & tâchez de luy plaire,
Attachez-vous à le conſidérer,
A voir ſa gloire, à l'admirer,
Et vous aurez aſſez à faire.

L'AMOUR.

Ie veux ſuivre voſtre conſeil.

LA FORTUNE.

Chacun doit déférer aux avis de la Gloire.

LA RENOMMEE.

Ainſy que vous je la veux croire.

MARS.

Voyons auparavant ce Temple ſans pareil.

LA GLOIRE.

Vous pouvez l'admirer enſemble,
Il mérite bien vos regards ;
Mais il faut qu'en ce lieu j'aſſemble
Les Plaiſirs & les plus beaux Arts,
Par mon ordre ils s'en vont paroiſtre,
Et par leurs Chanſons & leurs Jeux
Marquer au plus Grãd Roy que le Ciel ait fait naiſtre,
Ce qu'ils doivent au ſoin qu'il daigne prendre d'eux.

Dans le temps que Mars & les autres Divinitez qui ont paru dans le Prologue, s'avancent dans le Temple pour en mieux examiner les beautez, la

Musique sort d'un des costez du Théatre, avec un Livre de Tablature à la main; Elle est suivie des Arts, tant Libéraux que Mécaniques, qui sont l'Agriculture, avec un Habit couvert d'Epys d'or, & tenant une Besche; la Navigation, vestuë d'un Tafetas de la Chine, à la maniere des Matelots; l'Orfévrie, chargée de Chaînes d'or & de Pierreries; la Peinture, tenant une Palete & un Pinceau; la Guerre, une Epée; la Géometrie, un Compas; l'Astrologie, un Globe; & la Sculpture, un Ciseau. La Comédie paroist de l'autre costé, tenant un Masque, & accompagnée des Plaisirs. La Chasse, qu'on met ensemble au nombre des Plaisirs & des Arts, se fait voir la premiere vestuë de verd & tenant un Dard. La Mascarade la suit bizarement habillée, avec un Cornet à la main. On voit en suite la Pesche qui tient une Ligne; la Paume, une Raquette; le Jeu, des Cartes; la Bonne-chere, un Flacon d'or; & la Danse, une Poche Apres avoir par quelques figures, & par leurs diférentes actions, donné des marques de ce qu'ils representent, la Comédie & la Musique chantent ensemble le Dialogue suivant.

DIALOGVE DE LA MVSIQVE ET DE LA COMEDIE.

LA COMEDIE.

Pour divertir LOUIS, unissons-nous ensemble,
Il est le plus grand des Mortels;
Et quand pour luy la Gloire éleve des Autels,
Il faut que la Musique assemble
Ce que ses tons les plus charmans
Peuvent à mon Théatre adjoûter d'ornemens.

LA MUSIQUE.

Pour ce grand Roy qui sur la Scene
Voit si souvent tes charmes éclater,
J'aimerois assez à chanter;
Mais j'ay si peu de voix, qu'on ne m'entend qu'à peine.

CEUX DES COMEDIENS qui representent une partie des ARTS & des PLAISIRS.

Si tu nous veux soufrir, nous pourons t'en prester.

LA COMEDIE & LA MUSIQUE ensemble.

Unissons-nous pour celebrer la gloire
Dont brille l'Auguste LOUIS.

LA MUSIQUE ſeule.

De ſon éclat partout les Peuples éblouïs
Conſacrent ſon grand Nom au Temple de Mémoire.

LA COMEDIE & LA MUSIQUE enſemble.

Vniſſons-nous pour celébrer ſa gloire.

Tous enſemble.

Vantons ce grand Nom comme eux,
Iamais Exploits ſi fameux
Ne firent parler l'Hiſtoire.

LA COMEDIE & LA MUSIQVE, avec UN DES ARTS.

Ils ſont tels, que nos Neveux
Refuſeront de les croire.

Tous enſemble.

Chantons, uniſſons-nous pour celébrer ſa gloire.

LA MUSIQUE ſeule.

Sur des Exploits moins glorieux
On a placé parmy les Dieux
Les Héros dont le Nom fut grand & redoutable.
LOVIS a droit plus qu'eux à l'Immortalité;

LOVIS qui tous les jours fait une Verité
Des vains prodiges de la Fable.

LA COMEDIE ET LA MUSIQUE.

Ses Ennemis, de ses Armes frapez,
Sont à vanter son Nom eux-mesmes occupez,
Luy voyant entasser Victoire sur Victoire.

Tous ensemble.

Vantons ce grand Nom comme eux,
Iamais Exploits si fameux
Ne firent parler l'Histoire.

LA COMEDIE ET LA MUSIQUE, avec UN DES ARTS.

Ils sont tels, que nos Neveux
Refuseront de les croire.

Tous ensemble.

Chantons, unissons-nous pour celébrer sa gloire.

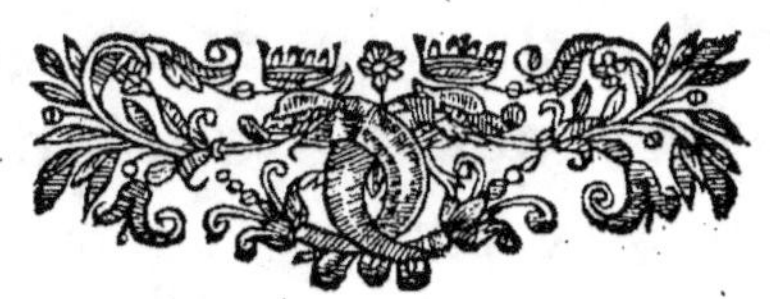

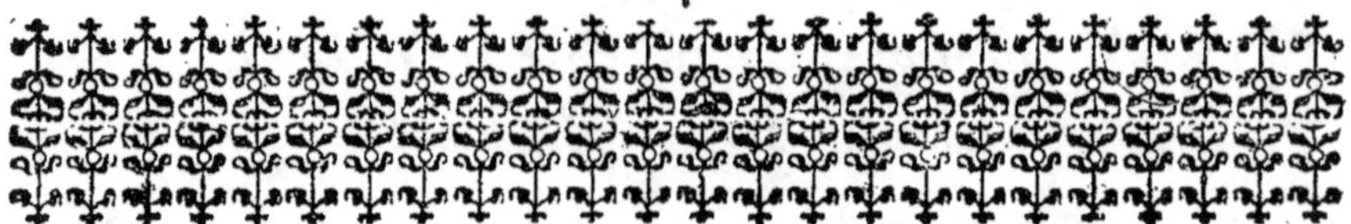

ACTE I.

LE Théatre du Prologue fait place à une Décoration moins réguliere, mais qui dans son irrégularité ne laisse pas d'avoir des beautez qui plaisent également à la veuë Elle represente une Plaine, où diverses Ruines marquent les restes de quelques Palais démolis, & le tout dans une si agreable varietè, qu'elle n'a aucune partie qui ne fasse paroistre quelque chose de diférent. Au bout de cette Plaine, on découvre une Montagne d'une grandeur prodigieuse. Elle est fertile dans le bas en Plantes & Fleurs bâtardes ; & à mesure qu'elle s'éleve, elle devient aride, formant des Rochers peu remplis de verdure, & entrecoupez de chemins. Le sommet laisse voir un Palais ruiné & desert, avec un grand Horison tout autour, en sorte que la Montagne est isolée, & paroist naturelle aux yeux.

C'est dans cette Plaine que Glaucus s'entretenant avec Palémon de la passion qu'il a pour Sylla, luy

en

en découvre la délicatesse, qui l'engage à vouloir estre aimé par luy-mesme, & ne devoir le cœur de sa Maistresse qu'à la force de son amour. Palémon luy conseille en vain de se faire connoistre pour un Dieu, afin que le rang qu'il tient parmy ceux de la Mer, luy serve à vaincre les froideurs de Sylla. Il s'obstine à conserver le nom de Prince de Thrace, sous lequel il a esté d'abord connu d'elle, & apprend avec surprise des Nymphes qui sont dans sa confidence, la résolution qu'elle a prise d'aller trouver Circé dans son Palais, pour sçavoir la cause de la retraite de Mélicerte, qui avoit disparu depuis quelques jours. Ce Prince fortement aimé de Sylla, la rendoit insensible pour Glaucus, qui tâche inutilement de luy faire un crime de la précipitation de son départ dont elle ignore les raisons : Il n'en obtient que de nouveaux mépris, & la suivant apres qu'elle s'est lassée de l'entendre, il fait place aux Nymphes de Circé, qui en attendant leur Maistresse qui cüeille quelques herbes sur la Montagne pour des Enchantemens qu'elle prépare, témoignent la crainte qu'elles ont qu'ils ne soient employez contre Mélicerte que Circé avoit enlevé, & pour qui elle avoit pris de l'amour, par la force de ce panchant qui luy faisoit mettre sa gloire dans le nombre de ses Conquestes. Ces Nymphes sont ſurpriſes par trois Satyres qu'elles écoutent pour ſe divertir, ſe tenant aſſurées du ſecours de Circé, s'ils oſent venir à la violence. Ils acceptent le party qu'elles leur propoſent, que celuy des trois qui chantera le mieux, choiſira celle qui luy plaira davantage.

CHANSON
DU PREMIER SATYRE.

DEux beaux yeux me charment,
Leurs traits me deſarment;
Mais s'ils ne ſont doux,
Nargue de leurs coups.
I'aime une Maiſtreſſe
Qui me tend les bras;
Fy de la rudeſſe;
Avec mille appas
La Beauté Tygreſſe
Ne me plairoit pas.

CHANSON
DU SECOND SATYRE.

VN jour la jeune Lyſette
Couchée à l'ombre d'un Bois,
Diſoit d'une triſte voix,

Helas! helas! faut-il resver seulete,
Et ne pourroit-on quelquefois
Se trouver deux à rire sur l'herbete?
Vn Berger survint,
Qui luy tint
Bonne & douce compagnie.
Sur la rencontre au Bois, dés qu'on en eut le vent,
On fit jazer la Calomnie,
Qui mit cent contes en avant;
Mais Lysette laissa médire,
Le Berger l'avoit fait rire,
Elle y retourna souvent.

Dans l'instant que le troisiéme Satyre s'appreste à chanter, deux autres Satyres surviennent, qui voulant partager le bonheur de la rencontre, forment une contestation qui se termine par l'arrivée de Circé descenduë de la Montagne. Ils quittent les Nymphes si-tost qu'ils l'aperçoivent; & pour les punir de leur insolence, elle commande à cinq Esprits de les emporter. Ce Vol de dix Personnes qui s'enlevent des quatre coins & du milieu du Theatre, fait un effet aussi surprenant qu'agreable, & donne lieu à Glaucus qui a veu de loin la promptitude de cette vangeance, d'en venir congratuler Circé, qu'il reconnoist par cette grande marque pour estre la Fille du Soleil. Les Plaintes qu'il luy fait de l'injuſtice de Sylla, luy découvrent qu'il eſt ce meſme Prince de Thrace dont Mélicerte l'avoit entretenuë comme d'un Rival à qui il a cedé toutes ſes pretentions. Elle ſe ſent touchée d'amour pour luy ; & luy promettant de le rendre heureux par ſes Charmes, ſans luy expliquer ſi c'eſt en l'aimant, ou en le faiſant aimer de Sylla, elle l'oblige à prendre place dans ſon Char qui deſcend de l'Air, traîné par des Dragons, & qui les emporte l'un & l'autre dans ſon Palais.

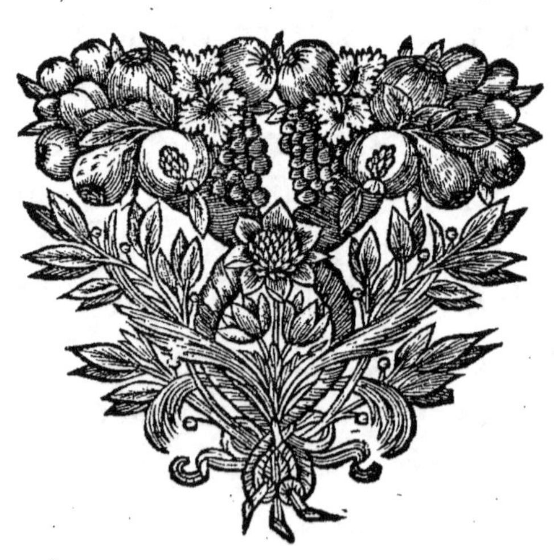

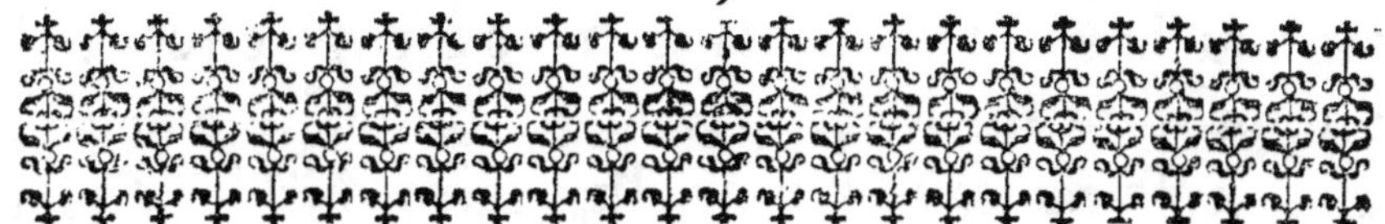

ACTE II.

L'Art & la Nature ont également part à ce qui fait la Décoration de cet Acte. Cette grande Montagne qui a paru dans le premier, s'abiſme d'une maniere auſſi ſurprenante qu'elle s'eſtoit élevée, & laiſſe paroiſtre en ſa place, un Iardin remply de Berceaux, de Fontaines, de Plantes, de Fleurs, & de Vaſes, ſur leſquels ſont des Enfans montez ſur des Cygnes qui jettent de l'eau. On y voit encor d'autres Vaſes de porcelaine, de terre cizelée, & de marbre blanc. Les ornemens en ſont d'or, & ces Vaſes ſont remplis d'Orangers, d'Arbres fruitiers, & de Fleurs naturelles.

Apres quelques Scenes d'enjoüement entre Palémon & les Nymphes de Circé, Circé paroiſt elle-meſme dans ce Iardin, & découvre à Dorine ſa Confidente, le dèplaiſir où elle eſt d'avoir eſſayé quelques Charmes pour ſe faire aimer de Glaucus, qu'elle ne connoiſt que comme Prince de Thrace, ſans qu'ils ayent produit ſur luy le meſme effet qu'ils ont produit ſur Mélicerte, à qui elle n'a eu beſoin que de ſe faire voir pour luy faire oublier Sylla. Mélicerte, que ſon abſence du Palais avoit alarmé, luy vient témoigner la joye qu'il a de ſon retour, & en eſt reçeu avec une froideur qui luy fait connoiſtre le changement qui eſt arrivé dans la paſſion qu'elle avoit pour luy. Il eſt obligé de la quitter ſans qu'elle s'en ſoit expliquée ; & apres avoir aſſuré Dorine qu'elle ne ſonge plus à s'acquerir le cœur de Glaucus, qu'afin de ſe vanger du mépris qu'il ſemble faire de ſon amour, elle voit arriver ce Dieu qui luy eſt toûjours inconnu ; & pour luy donner un eſſay de ſon pouvoir ſur tous les divertiſſemens qui le pourroient empeſcher de s'ennuyer dans ſon Palais, elle fait naiſtre tout-à-coup un Berceau, ſoûtenu par des Statuës de bronze qui le forment, & en ſont comme les ſupoſts. Il eſt embelly d'un Baſſin, avec un Iet d'eau, & environné de pluſieurs Grenoüilles, ſur leſquelles il y a de petits Enfans aſſis.

Glaucus averty que Sylla ſe doit rendre aupres de Circé, par l'impatience qu'elle a de ſçavoir ce qu'eſt devenu Mélicerte, répond à cette ſçavante Magicienne, qu'un ſeul bien eſt capable de ſatisfaire tous ſes deſirs ; & l'aſſurant que tout ce qu'il eſpere dépend d'elle, & qu'il peut vivre parfaitement heureux dans son Palais, il luy donne lieu de ne point douter que son Charme n'ait reüssy, & que ce ne soit elle qui soit devenuë l'objet de sa passion: mais quand en la priant de retenir Sylla, qu'il a sçeu qui devoit arriver, il luy fait connoistre qu'il n'a point changé de sentimens, Circé se trouble, & pour cacher son desordre, se servant du prétexte de quelques Voix qu'elle est bien aise d'entendre, elle laisse chanter le Dialogue suivant.

DIALOGVE DE TYRCIS ET DE SYLVIE.

TYRCIS.

Pourquoy me fuyez-vous, ô Beauté trop severe,
Quand d'un si tendre amour j'ay le cœur enflâmé?

SYLVIE.

Je fuis ce que je sens qui commence à me plaire;
Si je vous écoutois, vous pourriez estre aimé.

TYRCIS.

Quoy, toûjours, aimable Inhumaine,
Refuser de m'entendre? Eh de grace, deux mots.

SYLVIE.

L'Amour cause de la peine.
Et je veux vivre en repos.

TYRCIS.

Est-il des Plaisirs sans tendresse?

SYLVIE.

Est-il de l'Amour sans chagrin?

TYRCIS.

Par l'Amour tout chagrin cesse.

SYLVIE.

Tous les Plaisirs par l'Amour prennent fin.

TYRCIS.

C'est une erreur; dans le bel âge,
Il faut aimer pour vivre heureux.

SYLVIE.

Ne me dites rien davantage.

TYRCIS.

Soulagez les ennuis de mon cœur amoureux.

SYLVIE.

Que vous sert que le mien soûpire?

TYRCIS.

Ah Sylvie!

SYLVIE.

Ah Tyrcis!

Tous deux enſemble.

Vniſſons nos ſoûpirs.

TYRCIS.

Aimons-nous.

SYLVIE.

Douce peine!

TYRCIS.

Agreable martyre!

SYLVIE.

Il fait tout mon bonheur.

TYRCIS.

Il fait tous mes deſirs.

Tous deux enſemble.

Pour goûter les plus doux Plaiſirs.
Ne nous laſſons jamais de nous le dire;
Aimons-nous; douce peine! agreable martyre!

SYLVIE.

La liberté m'estoit un bien si doux !

TYRCIS.

Vaut-il ceux que l'Amour ofre dans son Empire ?

SYLVIE.

Je la pers, c'en est fait.

TYRCIS.

Vous en repentez-vous?

SYLVIE.

Ce n'est pas dequoy je soûpire.

TYRCIS.

Ah Sylvie !

SYLVIE.

Ah Tyrcis !

Tous deux ensemble.

Unissons nos soûpirs.

TYRCIS.

Aimons-nous.

SYLVIE.

Douce peine !

TYRCIS.

Agreable martyre!

SYLVIE.

Il fait tout mon bonheur.

TYRCIS.

Il fait tous mes desirs.

Tous deux ensemble.

Pour goûter les plus doux Plaisirs,
Ne nous lassons jamais de nous le dire;
Aimons-nous; douce peine! agreable martyre!

Ce Dialogue qui exprime les douceurs qu'une parfaite union fait goûter en aimant, donne occasion à Glaucus de redoubler ses prieres pour obtenir de Circé qu'elle daigne changer le cœur de Sylla. Circé luy oppose le peu d'avantage qu'il auroit à ne devoir qu'à ses Charmes la récompense de son amour; & en l'assurant qu'il trouveroit des Nymphes qui ne seroient pas insensibles pour luy, elle va si loin, qu'il ne peut plus se déguiser qu'elle parle pour elle-mesme. Glaucus luy avouë qu'il est de sa destinée de ne prendre de l'attachement que pour Sylla seule; & cette déclaration irrite tellement Circé, que faisant succeder la menace à la douceur, elle cherche à l'intimider, & d'un coup de

Baguete fait paroiſtre des Serpens, des Lyons, des Tygres, & divers autres Animaux, comme autant d'Amans qu'elle a métamorphoſez pour de moindres outrages que celuy qu'il oſe luy faire, en dédaignant de répondre à ſa paſſion. Glaucus qui, comme Dieu, n'a rien à craindre de ſes emportemens, écoute ſes menaces avec froideur. Circé en redouble ſa colere, & donnant ordre à ces Animaux de fondre ſur luy, dans le meſme inſtant qu'ils s'approchent, Glaucus leur défend de ſe montrer davantage. La Terre s'ouvre, ils y ſont engloutis; & cet effet du pouvoir de Glaucus ne laiſſant plus de bornes à la fureur de Circé, elle commande aux Statuës qui ſoûtiennent le Berceau du Iardin, de s'animer pour prendre ſa querelle. On eſt ſurpris de la promptitude de leur mouvement, qui ne ſert qu'à relever la gloire de Glaucus. Il ne leur a pas plutoſt ordonné de ſe perdre en l'air, que toutes ces Statuës s'envolent dans tous les coſtez du Theatre. Les Grenoüilles ſautent hors du Baſſin où on les a veuës, & s'enfonçant dans la terre, laiſſent Circé dans une telle confuſion d'avoir trouvé un pouvoir plus fort que le ſien, que pour ſe vanger de Glaucus, elle ſe réſout de ne plus rien épargner, & ſort dans le deſſein de ſe porter contre luy aux dernieres extrémitez.

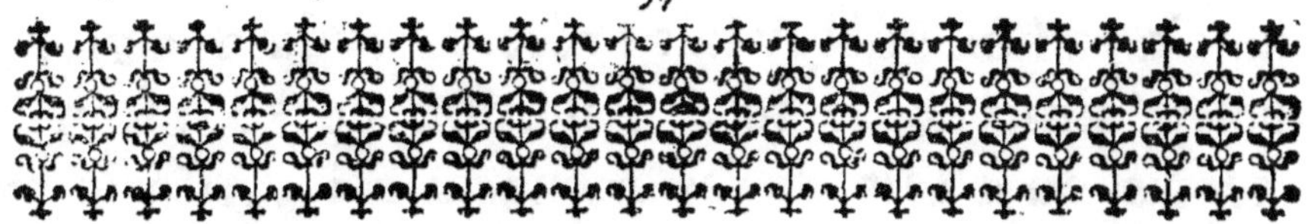

ACTE III.

LE magnifique Iardin qui a ſervy de Décoration à l'Acte precedent, fait place à un ſuperbe Palais, dont l'Architecture eſt d'Ordre Corintien, avec les Friſes & Corniches. Les Pilaſtres ſont de lapis veiné d'or. Vne Baluſtrade regne au deſſus en forme d'Atique. La maſſe du Palais eſt toute de marbre blanc, avec les chapiteaux des Pilaſtres & les baſes d'or. On voit ſur des Pieds-d'eſtaux qui ſortent en ſaillie, des Vaſes d'or, de lapis, & de marbre ; & au bout de ce Palais, on découvre un Iardin avec ſes ornemens d'Arbres, de Fleurs, de Iets d'eau, & de Fontaines.

Mélicerte déplore ſon infortune ſur le changement de Circé en preſence d'Aſtérie, la plus jeune de ſes Nymphes, qui ſuivant ſon caractere enjoüé, luy propoſe l'oubly pour remede. Il la prie de s'intereſſer pour luy ; ce qu'elle fait, en luy promettant d'agir aupres de Palémon Confident du faux Prince de Thrace, pour découvrir les ſentimens de ſon Maiſtre, & l'engager avec adreſſe à le confirmer dans la passion qui luy fait préferer Sylla à la gloire d'estre aimé de Circé. Palémon porte si loin le mépris qu'il fait de ses menaces, qu'Astérie ne peut s'empescher de luy dire qu'il doit prendre garde qu'on ne l'outrage pas impunément. Elle luy en donne pour exemple un de ses Amans, qui paroist sous la figure d'un Singe, & qu'elle luy dit n'avoir esté ainsi metamorphosé que parce qu'il l'avoit aimée au préjudice de Circé, qui s'en estant apperçeuë, luy avoit imposé cette peine, aussi-bien qu'à quelques Pages qu'il avoit amenez avec luy, pour le punir d'une passion dont elle s'estoit offencée. Astérie adjoûte que ces Singes prenoient soin tous les jours de la venir divertir par divers sauts où ils s'estoient étudiez pour luy plaire, & elle en donne le plaisir à Palémon, qui se retire voyant arriver Circé. Cette Amante indignée de la maniere dont elle a esté bravée par Glaucus, se résout de le perdre par la force du Poison, puis que ses Charmes ne peuvent rien pour changer son cœur; & afin de n'estre plus exposée aux importunes plaintes de Mélicerte, elle donne à Astérie un Anneau enchanté à luy porter, par le moyen duquel il doit oublier qu'il s'est veu aimé d'elle, & reprendre son premier amour pour Sylla. On reçoit en mesme temps la nouvelle que cette malheureuse Rivale demande à voir Circé. Elle en eſt favorablement écoutée; & non ſeulement elle l'aſſure de la fidelité de Mélicerte, mais elle s'ofre à le luy faire voir. Dans l'inſtant qu'elles ſe preparent à ſortir pour l'aller chercher, Glaucus arreſte Sylla, qui toute ſurpriſe de le voir dans un lieu où elle ne l'attendoit point, ne ſçait que répondre aux tendres proteſtations qu'il luy renouvelle de ſon amour. C'eſt là que Circé, qui ſe voit entierement bravée, s'abandonne à tout ce que la fureur luy peut inſpirer; & apres quelques inutiles ſouhaits qu'elle fait pour la perte de l'Amant de ſa Rivale, elle voit deſcendre pluſieurs Nuages, qui s'eſtant ramaſſez pour l'enfermer avec Sylla, leur donne lieu à l'une & à l'autre de ſe dérober aux yeux de Glaucus. Le Nuage s'ouvre apres qu'elles ſe ſont échapées, & ſe diſſipant des deux coſtez du Theatre, laiſſe Glaucus dans une extrème ſurpriſe de ce qui vient d'arriver. Il ne doute point que ce ne ſoit un ſecours que le Soleil a bien voulu preſter à Circé; & pour en eſtre entierement éclaircy, il ſe réſout de recourir à Vénus qu'il voit deſcendre dans ſon Palais, dont l'Architecture eſt compoſée & ornée de quantité d'Amours qui ſoûtiennent la Corniche. Ils ſont de marbre blanc juſqu'au milieu du corps, dont le bas ſe forme en Fleurons d'or, & ſe termine en Conſoles enrichies d'ornemens aussi d'or. Ils portent sur leurs testes des Paniers de Fleurs d'où pendent de grands Festons qu'ils retiennent avec leurs mains, en sorte qu'ils retombent entre les feüillages de leurs queuës, & font une chute sur la Console. Le Pied-d'estal se trouve directement dessous, orné de Paneaux d'azur, veiné d'or. De grands Festons de Fleurs tombent du milieu des Frises, dans lesquelles d'espace en espace sont peints des Cœurs percez de Fléches, avec des Carquois & d'autres ornemens. L'Optique represente deux Amours de mesme simetrie que les autres, avec un Berceau soûtenu par quatre Amours en forme de Termes qui le suportent. Il est formé de feüillages & de Iasmins, au milieu desquels on voit une Table de marbre, remplie de Corbeilles de fleurs & de Vases.

Tandis que Vénus descend, & fait paroistre peu à peu ce magnifique Palais, Glaucus fait chanter les Vers suivans, pour tâcher à se la rendre plus favorable.

CHANSON.

Viens, ô Mere d'Amour, viens recevoir nos vœux;
C'est toy qui nous fais vivre heureux,
Par les biens qu'à chérir le bel âge convie.
Tu disposes nos cœurs à se laisser charmer;
Et sans le doux plaisir d'aimer,
Est-il de beaux jours dans la vie?

Glaucus

Glaucus n'a pas plutoſt conjuré Vénus de luy découvrir où Circé peut avoir enlevé Sylla, que pour le tirer de l'inquietude qui le tourmente, elle commande à douze Amours de ſe ſeparer, & d'épier ſi bien tout ce que fera Circé, qu'ils puiſſent venir rendre compte à Glaucus du lieu où elle aura caché Sylla. Ces Amours partent dans le meſme inſtant; & la plûpart d'eux ayant volé preſque juſque ſur terre, ſe relevent tout d'un coup par un mouvement extraordinaire, pour ſe perdre dans les airs.

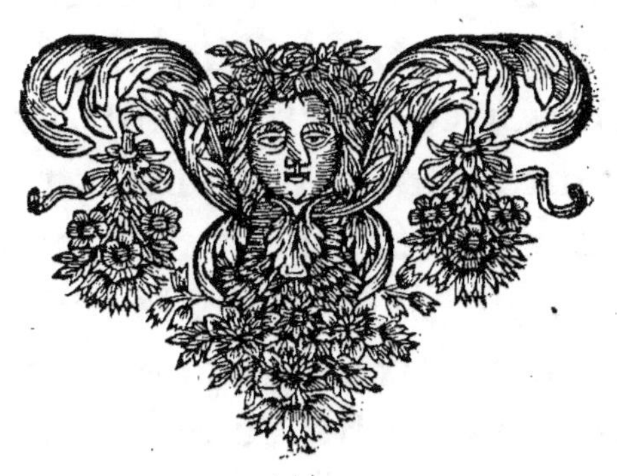

ACTE IV.

CET Acte qui se passe dans le lieu le plus desert du Palais de Circé, a pour Décoration de grands Arbres toufus qui forment un Bois dont l'épaisseur semble estre impénetrable à la clarté du Soleil. C'est là que Palémon fait une Scene d'enjouëment avec Astérie, qui vient y chercher Mélicerte, qu'elle n'a pû trouver ailleurs, pour luy donner l'Anneau qu'elle a reçeu de Circé. Cet Amant qui estoit venu déplorer son infortune dans ce Bois, touche à peine cet Anneau enchanté, qu'il retombe dans sa premiere passion pour Sylla, sans se souvenir qu'il ait jamais offert des vœux à Circé ; & dans l'empressement qu'il a de la voir, sur ce qu'il a sçeu qu'elle devoit arriver au Palais, il quitte Astérie qui raille Florise, autre Nymphe de Circé, sur son humeur prude, qui luy fait condamner l'entretien qu'elle vient d'avoir avec Mélicerte dans un lieu aussi inhabité que le Bois où elle l'a surprise avec luy.

Toutes les deux reçoivent ordre de Circé d'amener cet Amant à Sylla, qui consent à la proposition que luy fait Circé de demeurer quelque temps dans ce lieu desert, pour se cacher à Glaucus, avec assurance qu'elle y sera la maistresse des divertissemens qu'elle voudra choisir. On entend dans le mesme temps la voix d'une Dryade, que Circé convie aussi-bien qu'un Faune qui l'accompagne, de donner à Sylla un essay du plaisir qu'elle se peut promettre de leurs Concerts.

CHANSON DE LA DRYADE.

Vous étonnez-vous
D'un peu de martyre?
C'est quand on soûpire,
Que l'amour est doux.
La plus belle chaîne
Ne sçauroit charmer,
Si l'on n'a de la peine
A se faire aimer.

J'aime les plaisirs
Qu'on me fait attendre;
Un Objet trop tendre
Eteint les desirs.

La plus grande gloire
Qu'on trouve en aimant,
C'est lors que la Victoire
Coûte un long tourment.

Cette Chanson est suivie de ces Paroles, qui sont chantées par un Faune, & par la mesme Dryade.

LE FAUNE.

Il n'est rien de si doux que de changer sans cesse;
L'Amour pour les cœurs inconstans
Ne peut avoir que d'heureux temps;
Toûjours plaisirs nouveaux, & jamais de tristesse,
Il n'est rien de si doux que de changer sans cesse.

LA DRYADE.

L'inconstance détruit les douceurs de l'Amour;
Pour estimer un bien, il faut qu'il soit durable.

LE FAUNE.

L'Amour qui dure trop, est un mal véritable;
Pour aimer sans chagrin, il faut n'aimer qu'un jour.

LA DRYADE.

Ridicule folie!

LE FAUNE.

Incommode sagesse!
Il n'est rien de si doux que de changer sans cesse.

LA DRYADE.

Ridicule folie !

LE FAUNE.

Incommode ſageſſe !

LA DRYADE.

Il n'eſt rien de ſi doux qu'une longue tendreſſe.

LE FAUNE.

A cent Objets divers on doit faire ſa cour.

LA DRYADE.

Ridicule folie !

LE FAUNE.

Incommode ſageſſe !

Tous les deux enſemble.

Le Faune.
Il n'eſt rien de ſi doux que de changer ſans ceſſe.
La Dryade.
Il n'eſt rien de ſi doux qu'une longue tendreſſe.

Le Faune & la Dryade ont à peine ceſſé de chanter, que Circé ſe trouve expoſée à de nouvelles alarmes du pouvoir de Glaucus, qu'elle ne connoiſt pas encor pour un Dieu. Elle apprend de Dorine qu'il a eſté averty par les Amours du lieu où elle tient Sylla cachée, & que l'un d'eux s'est chargé du soin de l'y conduire. Sylla se trouble à cette nouvelle; & Circé qui en prend un nouveau sujet d'indignation, luy propose de soufrir qu'elle la fasse porter par les airs jusques dans Thebes, où Mélicerte qui en est Prince, la pourra aisément garantir des importunes poursuites d'un Amant qui ne luy plaist pas. Sylla y consent, & elle n'est pas si-tost au milieu de l'air, soûtenuë de quatre Esprits qui l'emportent par l'ordre de Circé, que quatre des Amours que Vénus a dispersez autour du Palais, viennent à sa rencontre, & apres un combat en l'air où les Esprits sont forcez de ceder, ils font changer de route à Sylla, & l'enlevent aux yeux de Circé. C'est dans ce combat, où l'on ne sçauroit assez admirer l'incomparable Génie de celuy qui a daigné donner ses soins à trouver les moyens de l'executer : on l'avoit proposé d'abord comme impossible, & il a fait voir que rien ne le sçauroit estre à ses moindres applications. Circé surprise de ce qu'elle voit, entre dans une nouvelle fureur, qui luy fait évoquer des Enfers la Terreur, la Rage, le Desespoir, & tout ce qu'ils renferment de plus ennemy des Hommes. Il se fait icy une Scene toute extraordinaire : Ces noires Divinitez paroissent, & par leurs diférentes actions elles font voir qu'elles entrent dans tous les ſentimens de Circé; mais quand elle leur commande d'aller répandre leurs plus mortels poiſons dans le cœur du Prince de Thrace, elles demeurent immobiles, & luy font connoiſtre que le Ciel ne leur permet pas de l'en vanger. Circé, que cette impuiſſance irrite, ne ſçauroit plus ſoufrir leur preſence; & dans le meſme temps qu'elle les chaſſe, elle voit le Soleil qui ſe montre dans ſon Palais. Il eſt d'or composé, avec des Colomnes torſes d'or poly; elles ſont reveſtuës de branches de Laurier qui les environnent, de couleur naturelle. Les chapiteaux ſont d'or fin cizelé, & les baſes des Colomnes de meſme maniere, auſſi-bien que la friſe & la corniche. Le corps du maſſif de ce Palais eſt de Pierres prétieuſes, & tous les Pieds-d'eſtaux de marbre blanc, au milieu deſquels on voit de gros Rubis; Les Paneaux ſont enrichis de veines d'or ſur un fond de lapis. Au deſſus de la Corniche on voit, dans une eſpece de petit Attique d'où naiſſent les Cintres, des Lyres d'or, avec pluſieurs ornemens; & dans le milieu des Voûtes ſont peints de grands Soleils d'or poly, avec quantité d'autres ornemens. L'Optique de ce Palais eſt toute tranſparante, & jette un éclat qui éblouït.

Circé écoute le Soleil, & apprend de luy que c'eſt en vain qu'elle luy reproche de n'eſtre point sensible aux outrages qu'elle reçoit, puis que celuy dont elle voudroit estre vangée est Glaucus, qui s'est caché sous le visage & le nom du Prince de Thrace. Cette nouvelle fait prendre d'autres mesures à Circé, qui déguise son ressentiment, & se contente de se plaindre à Glaucus qui survient, amené par un des Amours qui s'envole en suite, de ce qu'il ne l'a pas assez estimée pour luy découvrir luy-mesme ce qu'il a falu que le Soleil luy ait appris. Les excuses qu'il luy en fait sont interrompuës par l'arrivée de Palémon, qui luy vient dire que les Amours ont ramené Sylla dans le Palais, & qu'ils retiennent Mélicerte qui fait tous ses efforts pour s'approcher d'elle. Glaucus y court apres que Circé luy a promis d'employer tous ses Charmes pour se faire aimer de cette Nymphe. Dorine s'étonne de ce changement, qui luy paroist trop prompt pour ne luy estre pas suspect. Circé s'explique, & luy découvre que ne pouvant faire soufrir Glaucus en luy-mesme, parce qu'il est Dieu, elle veut le faire soufrir en ce qu'il aime; & que la vangeance qu'elle prépare, ne le toucheroit pas assez, si elle ne le faisoit aimer de Sylla avant que de la réduire dans l'état épouvantable où elle doit la faire paroistre.

ACTE

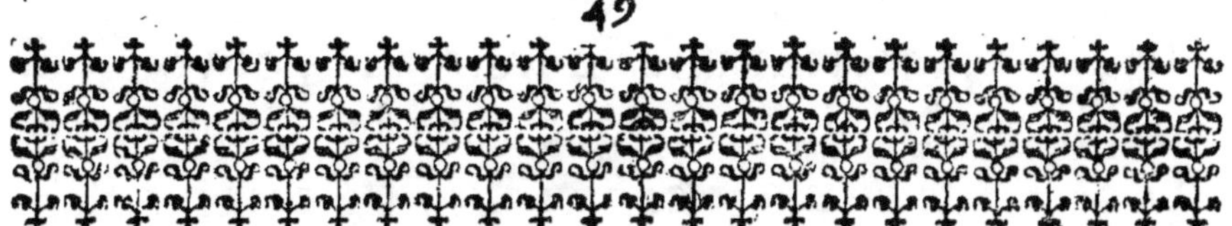

ACTE V.

LA Décoration de cet Acte represente une longue Allée de Cyprés fort hauts, dont la perspective est tres-agreable à la veuë. Sylla s'y trouve avec Florise & Astérie; & par l'effet du Charme que Circé vient d'employer pour la rendre favorable à Glaucus, elle leur fait connoistre l'impatience qu'elle a de revoir ce nouvel Amant à qui elle a déja découvert le changement qui est arrivé pour luy dans son cœur. Mélicerte survient, qui tâche inutilement, par ses reproches, à l'obliger de se repentir de son infidelité: Elle s'en justifie sur le conseil que luy ont donné les Amours de renoncer à sa premiere passion; & ayant appris de Palémon que Glaucus entretient Circé dans celuy de ses Iardins dont les murs sont batus des flots de la Mer, elle sort avec précipitation pour l'aller rejoindre. Mélicerte la suit, & laisse Florise & Astérie raisonner avec Palémon sur la pretenduë Magie de son Maistre, dont elles ne ſçauroient aſſez admirer le pouvoir qui a toûjours eſté plus fort que tous les Charmes que Circé a mis en uſage contre luy. Palémon s'élance tout-à-coup dans les airs, & par ce vol inopiné ſe dérobant à leurs yeux, les confirme dans la penſée où elles eſtoient déja qu'il y avoit de la Divinité dans cette avanture. Dorine leur en vient expliquer le ſecret, & apres leur avoir appris le déguiſement de Glaucus, elle leur raconte la vangeance que Circé a priſe de ſes dédains par le changement effroyable qui vient d'arriver dans la perſonne de Sylla, apres qu'elle a métamorphoſé Mélicerte en Arbre, pour le punir des plaintes qu'il oſoit luy faire de ſes injuſtices. La Fable nous repreſente cette Sylla environnée de Chiens qui l'effrayoient par des aboyemens épouvantables : Ce terme de *Chien*, eſt ſi rude & ſi mal-propre à noſtre Poëſie, que j'ay crû le pouvoir changer en celuy de *Monſtres*. Circé s'applaudit avec Dorine du triomphe qu'elle a enfin remporté ſur Glaucus, qui fait d'inutiles efforts pour adoucir la colere de Circé en faveur de cette déplorable Nymphe dont le changement luy fait horreur. Circé demeure inéxorable; & ravie d'avoir trouvé les moyens de faire ſoufrir Glaucus, elle ſent redoubler ſa joye par le plaiſir qu'elle a de joüir de la peine de ce Dieu, quand Palémon leur vient apprendre le desespoir de Sylla, qui l'a portée à se précipiter dans la Mer pour se délivrer d'un suplice qui luy estoit insuportable. Circé ne peut cacher la douleur qu'elle a de voir si-tost finir sa vangeance ; & faisant disparoistre son Palais, elle disparoist elle-mesme aux yeux de Glaucus. La Décoration du Theatre change en cet endroit, & on en voit une nouvelle qui represente la Mer & son rivage. Il y a quelques Arbres peints sur le devant, & des Rochers sur ce qui approche le plus de la Mer. Glaucus touché sensiblement de la disgrace de Sylla, s'adresse à Neptune pour le prier de la luy rendre. Ce Dieu paroist sur les Flots accompagné de Tritons, de Nereïdes, & d'autres Divinitez de la Mer ; & apres avoir fait voir à Glaucus un Rocher qui s'éleve pour marque eternelle de la métamorphose de Sylla, il l'assure qu'il est prest de la changer en Nereïde, pourveu que Iupiter luy fasse connoistre que le Destin en est d'accord.

Le Ciel s'ouvre à la priere de Glaucus, & Iupiter paroist dans son Palais, qui est d'une Architecture composée. Elle forme de grands Pieds-d'estaux, sur lesquels sont en saillie des Aigles tous rehaussez d'or fin, qui suportent une Corniche solide, dans la frize de laquelle sont peintes des Pommes de Pin d'or fin cizelé : Au dessus de la Corniche se forment des Cintres ſurbaiſſez, enrichis de quantité d'ornemens, avec des Feſtons d'or qui pendent au deſſous des Cintres, & s'attachent au milieu & aux angles. Toute la maſſe du Palais eſt peinte de deux manieres diférentes, auſſi-bien que les Corniches & les Pieds-d'eſtaux; l'une eſt de Porphyre, & l'autre de Lapis. Au milieu des Pieds-d'eſtaux ſont de gros Feſtons de feüilles de Cheſne d'or fin cizelé, On voit dans le fonds du Palais un Trône tout d'or, & orné de Pierres prétieuſes.

Iupiter accorde à Glaucus le changement de Sylla en Nereïde, mais à condition qu'il ne l'accablera plus des témoignages d'un amour qu'elle a toûjours rejetté: En meſme temps elle ſort des flots pour aller prendre place aupres de la Nymphe Galatée par l'ordre de Neptune, qui invite les Faunes, les Sylvains, les Dryades, & les autres Divinitez Champeſtres, auſſi-bien que celles de la Mer, à former quelque grand Spéctacle digne de la ſolemnité de ce jour. Ce qu'ils ſont en ſe meſlant enſemble par diférentes figures qui ſont accompagnées des Chanſons ſuivantes, dont la premiere fait voir, par l'exemple de Glaucus, que la froideur des eaux eſt un vain obſtacle contre les feux de l'Amour.

CHANSON D'UN SYLVAIN.

Tout aime
Sur la Terre & dans les Cieux;
L'Amour par un pouvoir ſuprême
Aſſervit Hommes & Dieux,
Tout aime.
Juſque dans les eaux il échauffe les cœurs,
Et malgré leur froideur extréme
Il y fait reſſentir ſes plus vives ardeurs;
Rien n'échape à ſes douces langueurs,
Tout aime.

CHOEUR DE DIVINITEZ.

Les Plaiſirs ſont de tous les âges,
Les Plaiſirs ſont de toutes les ſaiſons;
Pour les rendre permis, on ſçait que les plus ſages
Ont ſouvent trouvé des raiſons.
Rions, chantons,
Folâtrons, ſautons;
Les Plaiſirs ſont de tous les âges,
Les Plaiſirs ſont de toutes les ſaiſons.

Ce Chœur eſtant finy, les Faunes & les Sylvains témoignent leur joye par des ſauts ſurprenans; &

les Divinitez de la Mer, accompagnées de plusieurs Fleuves, donnent pareillement des marques de leur allégresse par plusieurs figures extraordinaires; ce qu'ils font à diférentes reprises, & mesme apres les deux premiers Coupiets de la Chanson suivante.

CHANSON D'UN SYLVAIN ET D'UNE DRYADE ensemble.

IL n'est point de Plaisir véritable,
Si l'Amour ne l'assaisonne pas.
On a beau dans le bien le plus stable
Rechercher de sensibles appas,
Il n'est point de Plaisir véritable,
Si l'Amour ne l'assaisonne pas.

Ses langueurs n'ont rien que d'agreable,
On se perd dans ses tendres helas;
Il n'est point de Plaisir agreable,
Si l'Amour ne l'assaisonne pas.

A l'Amour il faut rendre les armes,
Tost ou tard il triomphe de nous.
Plus on veut resister à ses charmes,
Plus on doit redouter son couroux;
A l'Amour il faut rendre les armes,
Tost ou tard il triomphe de nous.

De ses maux ne prenons point d'alarmes;
S'ils sont grands, le remede en est doux.
A l'Amour il faut rendre les armes,
Tost ou tard il triomphe de nous.

Les Faunes & les Sylvains recommençent leurs sauts, qui sont accompagnez de postures surprenantes; & pendant qu'un Chœur de Divinitez chante les Vers suivans, les Fleuves & les Divinitez de la Mer font plusieurs figures diférentes, en se meslant avec le Chœur.

CHOEUR DE DIVINITEZ.

Les Plaisirs sont de tous les âges,
Les Plaisirs sont de toutes les saisons;
Pour les rendre permis, on sçait que les plus sages
Ont souvent trouvé des raisons.
Rions, chantons,
Folâtrons, sautons;
Les Plaisirs sont de tous les âges,
Les Plaisirs sont de toutes les saisons.

FIN.

Extrait du Privilege du Roy.

PAr Grace & Privilege du Roy, Donné à S. Germain en Laye le 28. jour de Fevrier 1675. Signé, Par le Roy en son Conseil, DESVIEUX. Il est permis à T. de Corneille, Escuyer, Sieur de l'Isle, de faire imprimer, vendre & debiter une Piece de Theatre de sa composition, intitulée *CIRCE', avec le Dessein*, & ce pendant le temps & espace de vingt années entieres & accomplies, à compter du jour que lesdits Ouvrages seront achevez d'imprimer pour la premiere fois: Pendant lequel temps defences sont faites à tous Imprimeurs & Libraires, autres que ceux choisis par ledit Exposant, & à toutes autres Personnes de quelque qualité & condition qu'elles soient, d'imprimer, faire imprimer, vendre, ny debiter lesdits Ouvrages, sans le consentement de l'Exposant, ou de ceux qui auront droit de luy, à peine de mil livres d'amende, confiscation des Exemplaires contrefaits, & de tous despens, dommages & interests, ainsi que plus au long il est porté aud. Privilege.

Registré sur le Livre de la Communauté, suivant l'Arrest de la Cour de Parlement. Signé, THIERRY, Syndic.

Achevé d'imprimer pour la premiere fois, le 14. Mars 1675.

www.ingramcontent.com/pod-product-compliance
Lightning Source LLC
LaVergne TN
LVHW020626110826
845149LV00004B/1047

9782019199067